AF187815

Impressum
Verlag: BABADADA GmbH, Nedderfeld 112 , 22529 Hamburg
Geschäftsführer / Verlagsleitung: Harald Hof
Druck: Books on Demand GmbH, In de Tarpen 42, 22848 Norderstedt

Imprint
Publisher: BABADADA GmbH, Nedderfeld 112 , 22529 Hamburg, Germany
Managing Director / Publishing direction: Harald Hof
Print: Books on Demand GmbH, In de Tarpen 42, 22848 Norderstedt

escuela
school

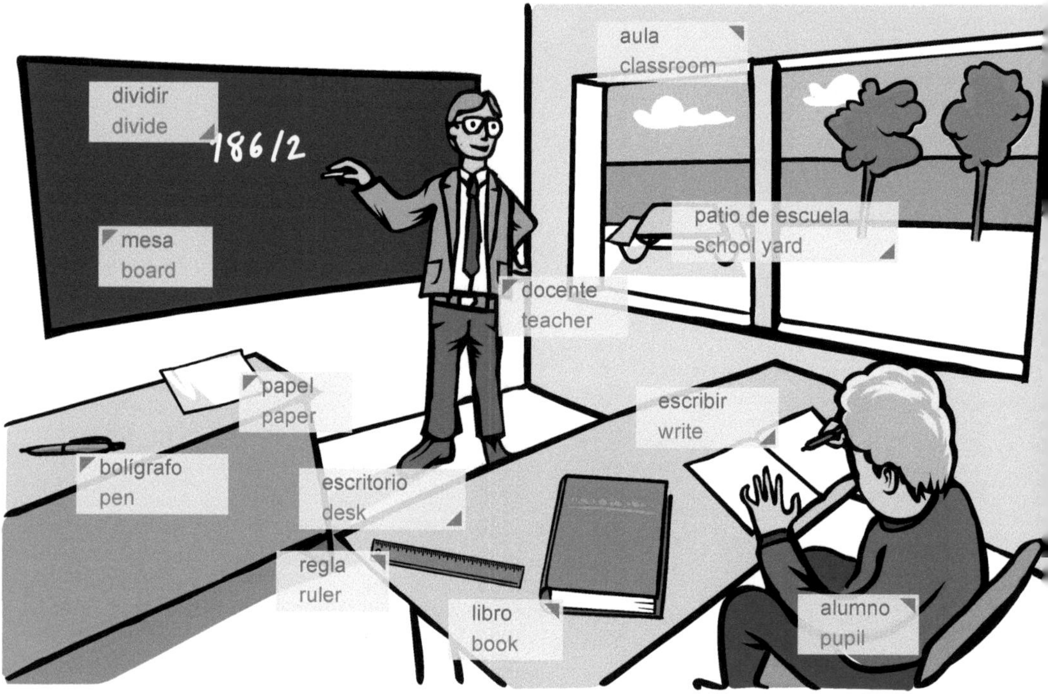

aula
classroom
dividir
divide
186/2
mesa
board
patio de escuela
school yard
docente
teacher
papel
paper
escribir
write
bolígrafo
pen
escritorio
desk
regla
ruler
libro
book
alumno
pupil

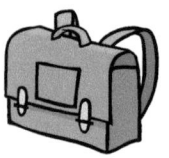

mochila escolar

satchel

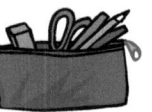

caja de lápices

pencil case

lápiz

pencil

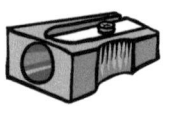

sacapuntas

pencil sharpener

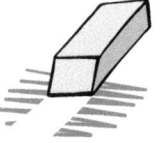

goma de borrar

rubber

bloc de dibujo

drawing pad

dibujo

drawing

pincel

paintbrush

caja de pinturas

paint box

tijera

scissors

pegamento

glue

libro de ejercicios

exercise book

tarea

homework

número

number

sumar

add

restar

subtract

multiplicar

multiply

calcular

calculate

letra

letter

alfabeto

alphabet

palabra

word

texto

text

leer

read

tiza

chalk

lección

lesson

libro de clase

register

examen

exam

certificado

certificate

uniforme escolar

school uniform

educación

education

enciclopedia

encyclopedia

universidad

university

microscopio

microscope

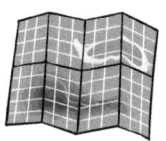

mapa

map

cesto de papeles

waste-paper basket

viaje
travel

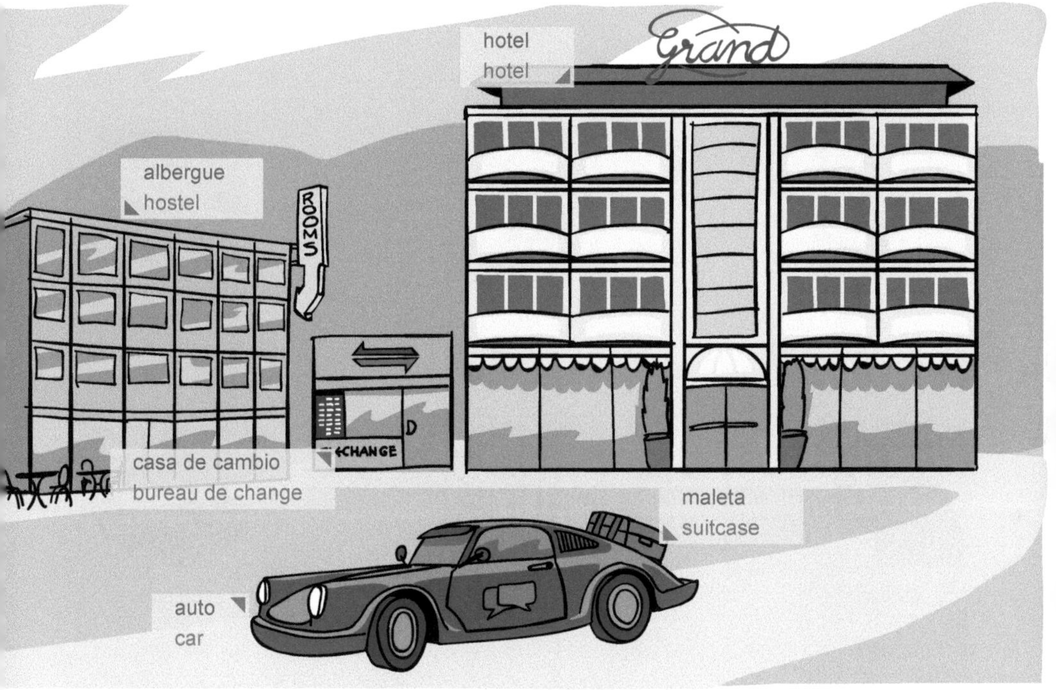
hotel
hotel
Grand
albergue
hostel
ROOMS
casa de cambio
bureau de change
EXCHANGE
maleta
suitcase
auto
car

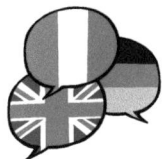

idioma

language

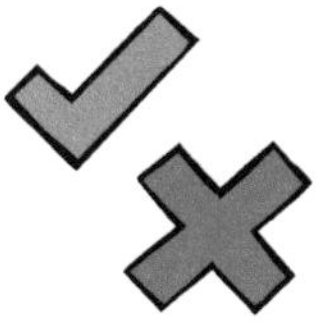

sí / no

yes / no

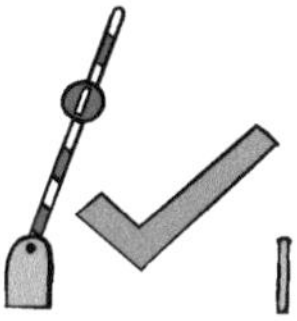

ok

Okay

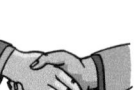

hola

hello

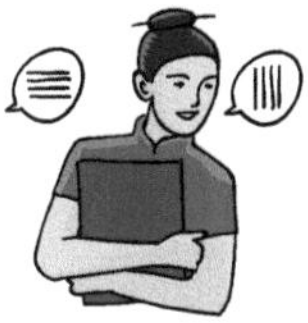

intérprete

translator

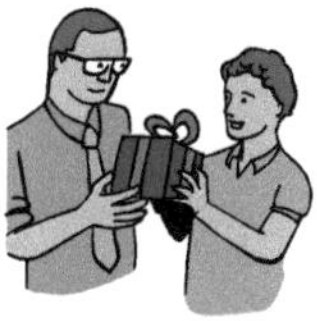

gracias

Thank you

¿Cuánto cuesta…?

how much is…?

No entiendo

I do not understand

problema

problem

¡Buenas tardes!

Good evening!

¡Buenos días!

Good morning!

¡Buenas noches!

Good night!

adiós

bye bye

dirección

direction

equipaje

luggage

bolso

bag

mochila

backpack

invitado

guest

cuarto

room

saco de dormir

sleeping bag

tienda de campaña

tent

información al turista

tourist information

playa

beach

tarjeta de crédito

credit card

desayuno

breakfast

almuerzo

lunch

cena

dinner

pasaje

ticket

ascensor

lift

sello

stamp

límite

border

aduana

customs

embajada

embassy

visa

visa

pasaporte

passport

transporte

transport

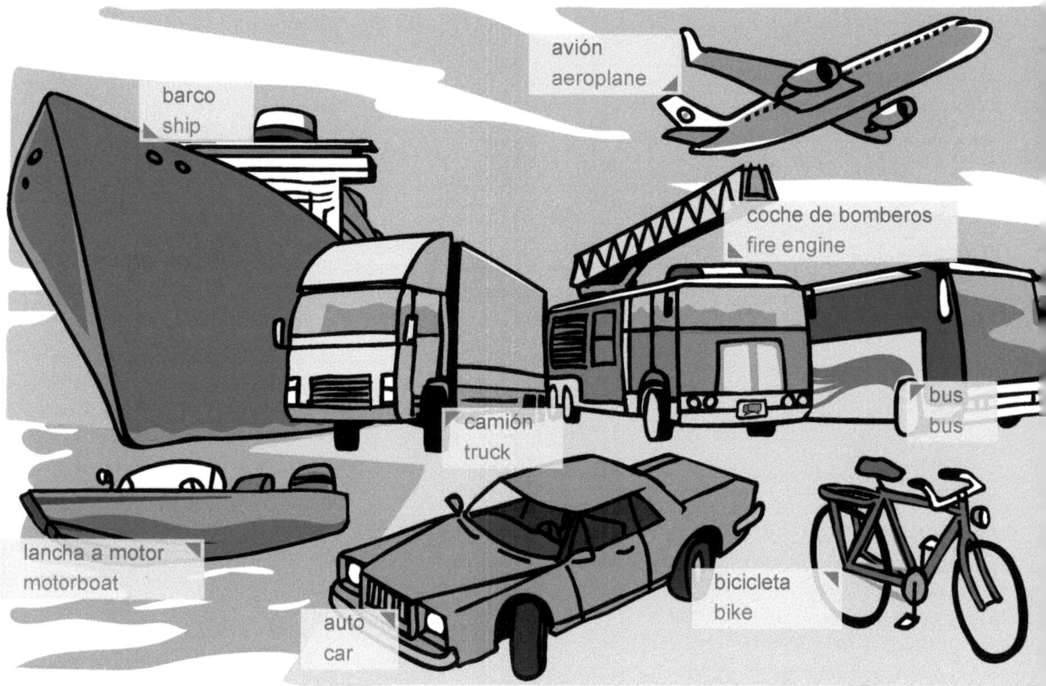
avión
aeroplane
barco
ship
coche de bomberos
fire engine
bus
bus
camión
truck
lancha a motor
motorboat
bicicleta
bike
auto
car

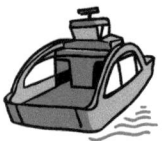

balsa

ferry

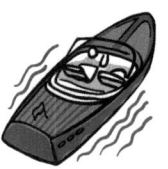

lancha

boat

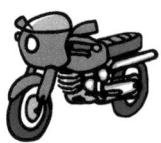

motocicleta

motorbike

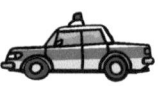

auto de policía

police car

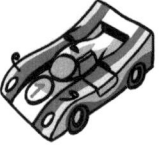

auto de carreras

racing car

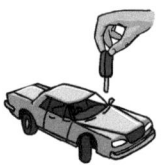

auto de alquiler

rental car

alquiler de autos

car sharing

grúa

breakdown truck

vehículo recolector de basura

refuse truck

motor

motor

gasolina

fuel

gasolinera

petrol station

señal de tráfico

traffic sign

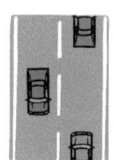

tránsito

traffic

atasco

traffic jam

estacionamiento

car park

estación de tren

train station

carril

tracks

tren

train

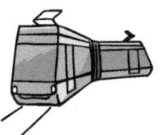

tranvía

tram

vagón

carriage

helicóptero

helicopter

aeropuerto

airport

torre

tower

pasajero

passenger

contenedor

container

caja de cartón

carton

carro

cart

cesta

basket

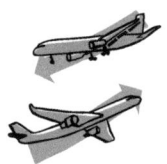

despegar / aterrizar

take off / land

ciudad

city

aldea

village

centro de la ciudad

city centre

casa

house

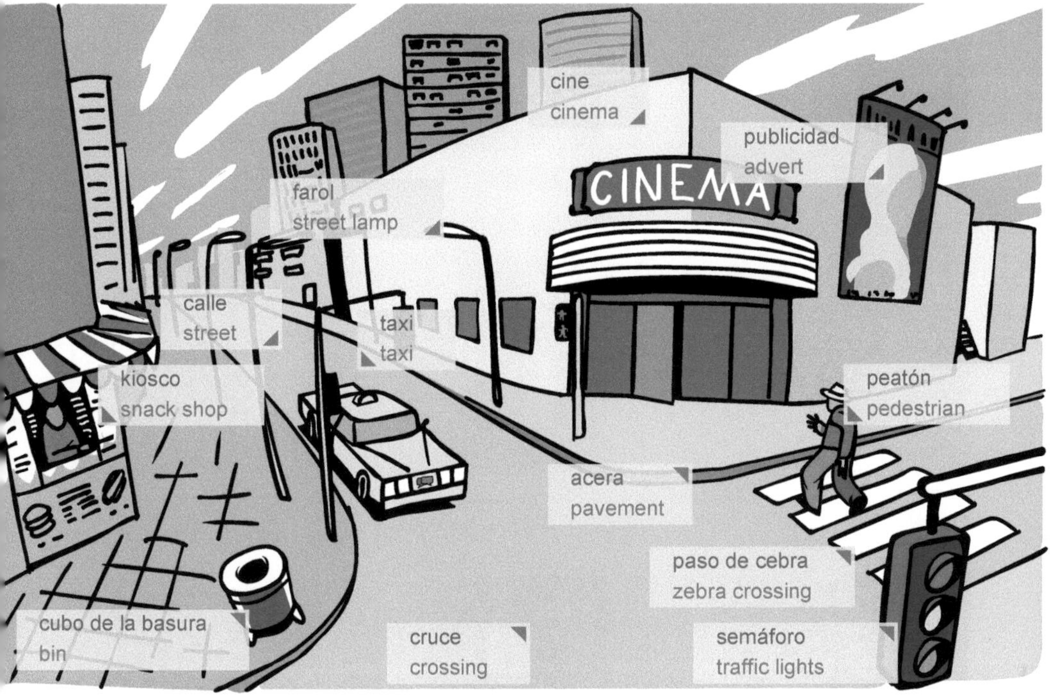

cine
cinema

publicidad
advert

farol
street lamp

CINEMA

calle
street

taxi
taxi

kiosco
snack shop

peatón
pedestrian

acera
pavement

paso de cebra
zebra crossing

cubo de la basura
bin

cruce
crossing

semáforo
traffic lights

cabaña

hut

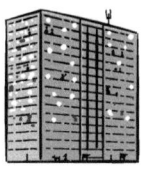

apartamento

flat

estación de tren

train station

ayuntamiento

town hall

museo

museum

escuela

school

universidad

university

banco

bank

hospital

hospital

hotel

hotel

farmacia

pharmacy

oficina

office

librería

book shop

negocio

shop

florería

florist's

supermercado

supermarket

mercado

market

grandes almacenes

department store

pescadería

fishmonger's

centro comercial

shopping centre

puerto

harbour

parque

park

banco

bench

puente

bridge

escalera

stairs

metro

underground

túnel

tunnel

parada de autobuses

bus stop

bar

bar

restaurante

restaurant

buzón de correo

postbox

letrero

street sign

parquímetro

parking meter

zoológico

zoo

piscina

swimming pool

mezquita

mosque

granja

farm

polución

pollution

cementerio

graveyard

iglesia

church

parque infantil

playground

templo

temple

paisaje
landscape

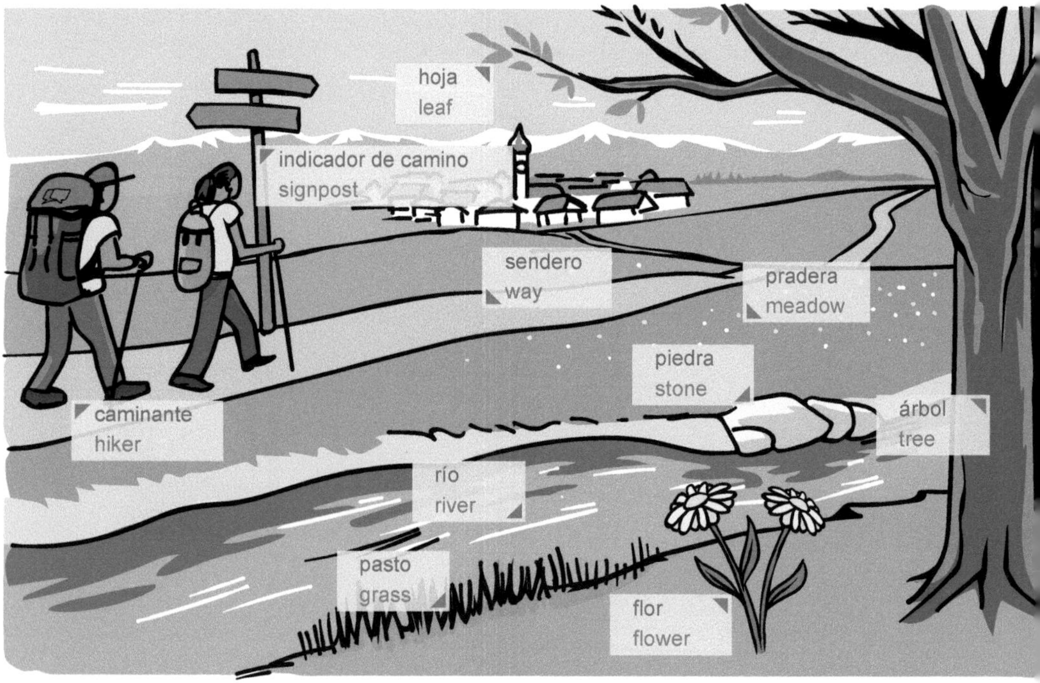

hoja
leaf

indicador de camino
signpost

sendero
way

pradera
meadow

piedra
stone

caminante
hiker

árbol
tree

río
river

pasto
grass

flor
flower

valle
valley

montaña
hill

lago
lake

bosque
forest

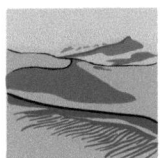

desierto
desert

volcán
volcano

castillo
castle

arco iris
rainbow

seta
mushroom

palmera
palm tree

mosquito
mosquito

mosca
fly

hormiga
ant

abeja
bee

araña
spider

paisaje - landscape

escarabajo

beetle

rana

frog

ardilla

squirrel

erizo

hedgehog

liebre

hare

lechuza

owl

pájaro

bird

cisne

swan

jabalí

boar

ciervo

deer

alce

moose

embalse

dam

aerogenerador

wind turbine

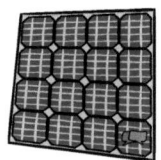

módulo solar

solar panel

clima

climate

restaurante
restaurant

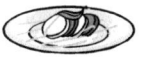

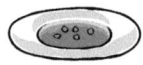

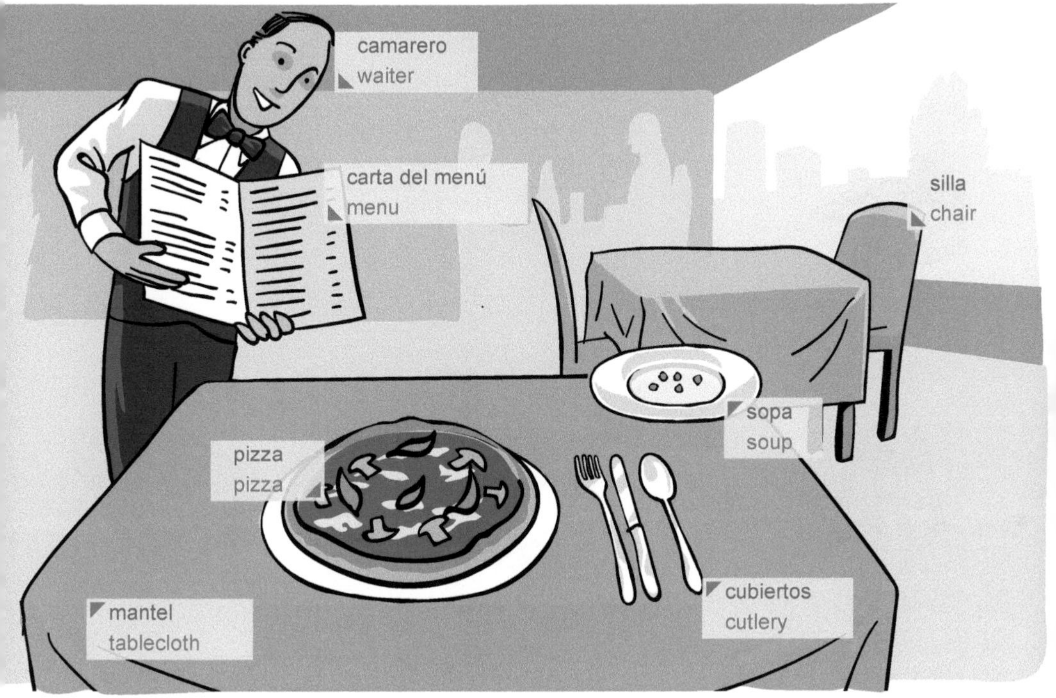

camarero
waiter
carta del menú
menu
silla
chair
sopa
soup
pizza
pizza
cubiertos
cutlery
mantel
tablecloth

entrada

starter

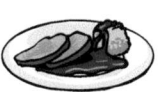

plato principal

main course

postre

dessert

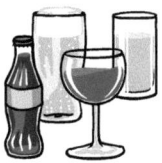

bebida

drinks

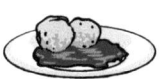

comida

food

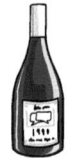

botella

bottle

comida rápida

fast food

comida callejera

street food

tetera

teapot

azucarera

sugar bowl

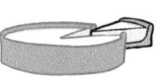

porción

portion

máquina de espresso

espresso machine

silla alta

high chair

factura

bill

bandeja

tray

cuchillo

knife

tenedor

fork

cuchara

spoon

cuchara de té

teaspoon

servilleta

serviette

vaso

glass

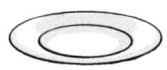

plato
plate

plato de sopa
soup plate

platillo
saucer

salsa
sauce

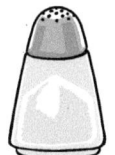

salero
salt pot

molinillo para pimienta
pepper mill

vinagre
vinegar

aceite
oil

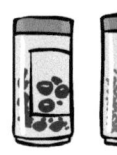

especias
spices

ketchup
ketchup

mostaza
mustard

mayonesa
mayonnaise

supermercado

supermarket

oferta
special offer
FOR
cliente
customer
productos lácteos
dairy
fruta
fruit
carrito de compras
trolley

BUTCHERS

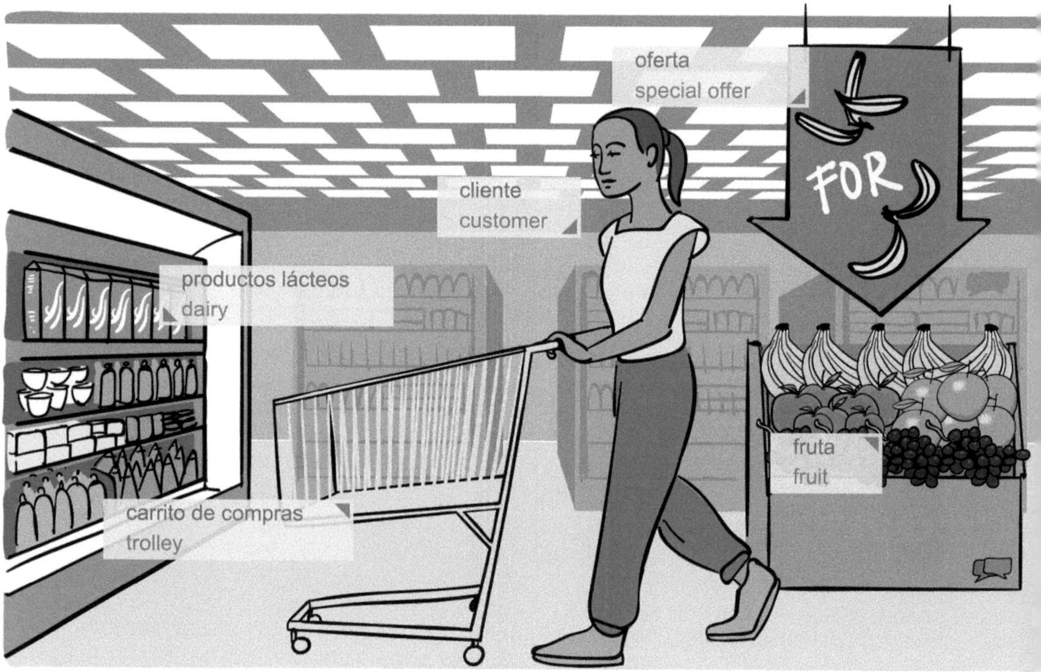

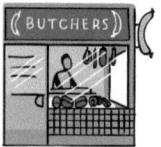

carnicería

butcher´s

BAKERY

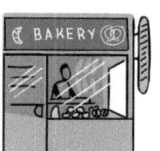

panadería

baker´s

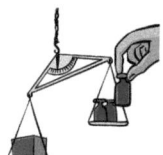

pesar

weigh

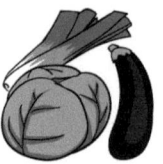

verdura

vegetables

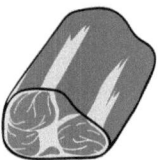

carne

meat

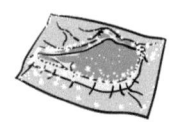

alimentos congelados

frozen food

fiambre

cold meat

conservas

tinned food

detergente en polvo

washing powder

dulces

sweets

artículos domésticos

household products

productos de limpieza

cleaning products

vendedora

salesperson

caja

till

cajero

cashier

lista de compras

shopping list

horario de atención

opening hours

cartera

wallet

tarjeta de crédito

credit card

maleta

bag

bolsa plástica

plastic bag

agua

water

jugo

juice

leche

milk

refresco de cola

coke

vino

wine

cerveza

beer

alcohol

alcohol

cacao

cocoa

té

tea

café

coffee

espresso

espresso

cappuccino

cappuccino

banana

banana

manzana

apple

naranja

orange

sandía

melon

limón

lemon

zanahoria

carrot

ajo

garlic

bambú

bamboo

cebolla

onion

seta

mushroom

nueces

nuts

fideos

noodles

espagueti

spaghetti

arroz

rice

ensalada

salad

patatas fritas

chips

patatas salteadas

fried potatoes

pizza

pizza

hamburguesa

hamburger

sándwich

sandwich

escalope

cutlet

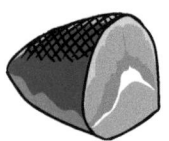

jamón

ham

salame

salami

embutido

sausage

pollo

chicken

asado

roast

pescado

fish

copos de avena

porridge oats

musli

muesli

copos de maíz tostado

cornflakes

harina

flour

croissant

croissant

panecillo

bread roll

pan

bread

tostada

toast

galletas

biscuits

mantequilla

butter

cuajada

curd

pastel

cake

huevo

egg

huevo frito

fried egg

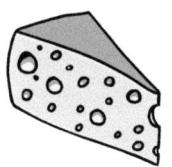

queso

cheese

comida - food

25

helado

ice cream

azúcar

sugar

miel

honey

mermelada

jam

praliné

chocolate spread

curry

curry

granja
farm

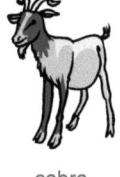

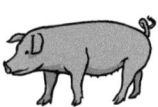

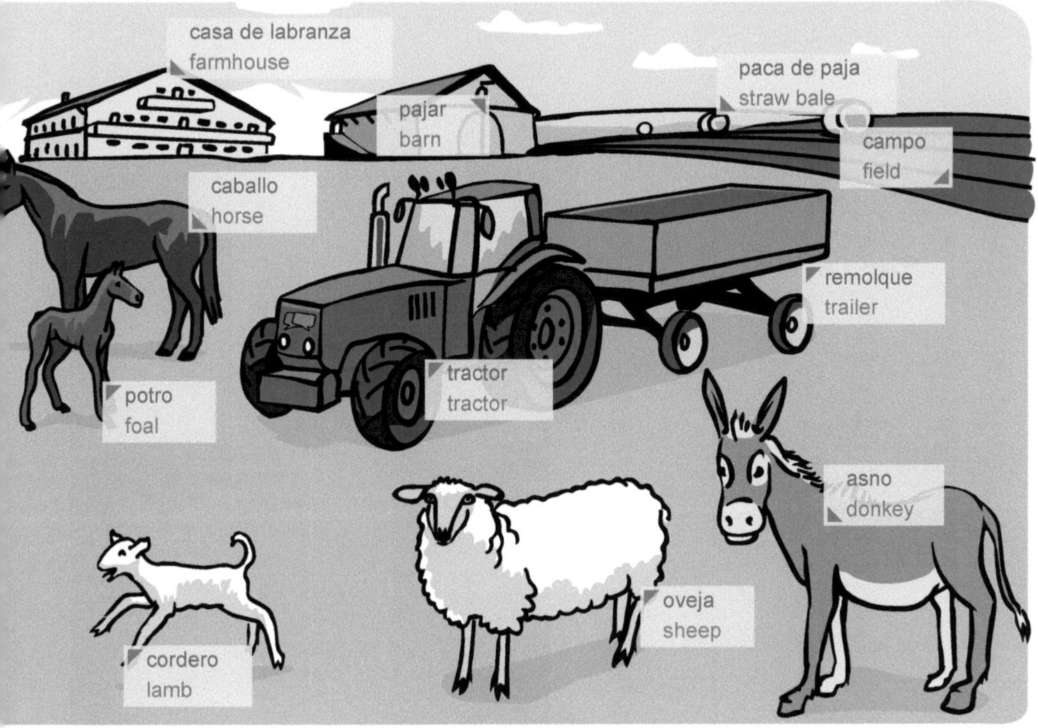

casa de labranza
farmhouse
pajar
barn
paca de paja
straw bale
campo
field
caballo
horse
remolque
trailer
tractor
tractor
potro
foal
asno
donkey
oveja
sheep
cordero
lamb

cabra

goat

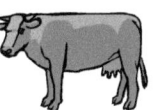

vaca

cow

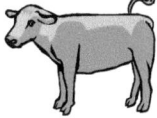

ternero

calf

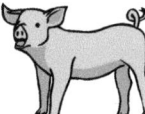

cerdo

pig

lechón

piglet

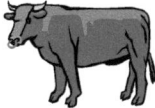

toro

bull

ganso

goose

pato

duck

polluelo

chick

pollo

hen

gallo

cock

rata

rat

gato

cat

ratón

mouse

buey

ox

perro

dog

caseta del perro

doghouse

manguera de riego

garden hose

regadera

watering can

guadaña

scythe

arado

plough

hoz

sickle

azada

hoe

bieldo

pitchfork

hacha

axe

carretilla

wheelbarrow

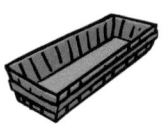

abrevadero

trough

lechera

milk can

saco

sack

cerca

fence

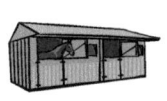

establo

stable

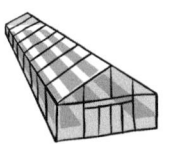

invernadero

greenhouse

suelo

soil

semilla

seed

fertilizante

fertilizer

cosechadora

combine harvester

cosechar

harvest

cosecha

harvest

raíz de ñame

yams

trigo

wheat

soja

soy

patata

potato

maíz

corn

colza

rapeseed

Árbol frutal

fruit tree

mandioca

cassava

cereales

cereals

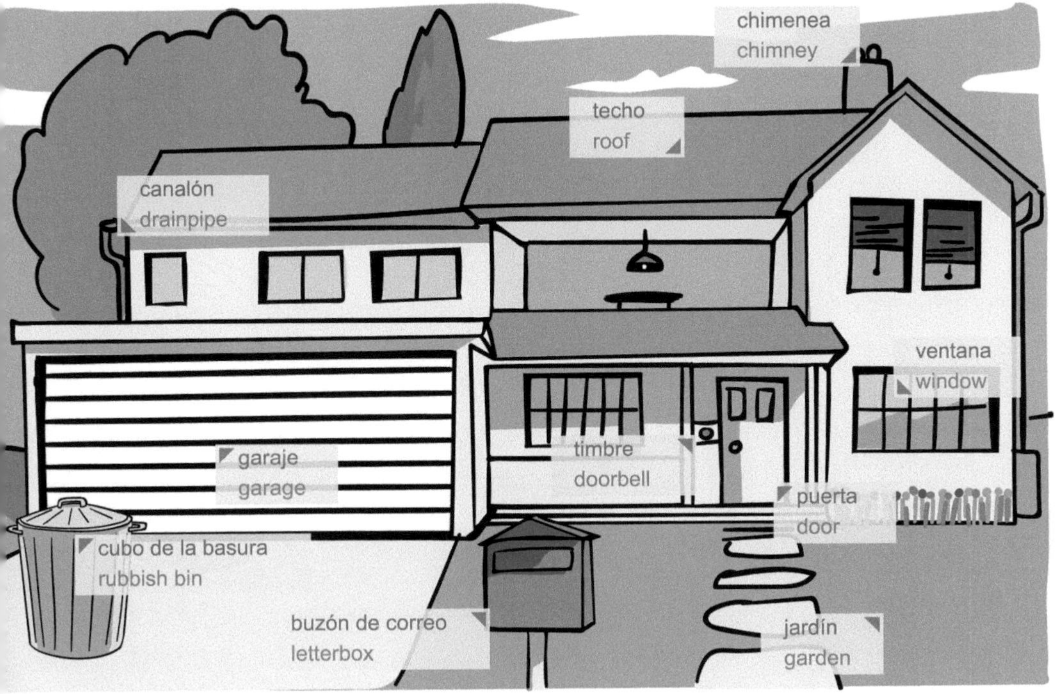

chimenea
chimney

techo
roof

canalón
drainpipe

ventana
window

garaje
garage

timbre
doorbell

puerta
door

cubo de la basura
rubbish bin

buzón de correo
letterbox

jardín
garden

cuarto de estar

living room

cuarto de baño

bathroom

cocina

kitchen

dormitorio

bedroom

cuarto de los niños

child's room

comedor

dining room

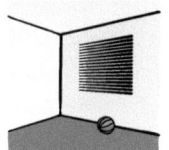

piso

floor

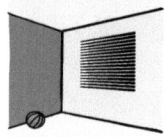

pared

wall

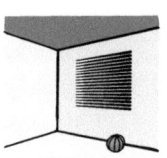

cielorraso

ceiling

sótano

cellar

sauna

sauna

balcón

balcony

terraza

terrace

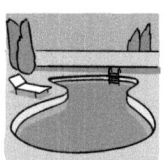

piscina

pool

cortacésped

lawn mower

funda nórdica

sheet

edredón

bedspread

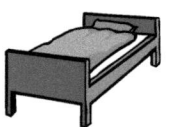

cama

bed

escoba

broom

cubo

bucket

interruptor

switch

cuarto de estar
living room

papel para empapelar
wallpaper
imagen
picture
lámpara
lamp
estante
shelf
gabinete
cupboard
televisor
television
hogar
fireplace
flor
flower
cojín
cushion
sofá
sofa
florero
vase
control remoto
remote control

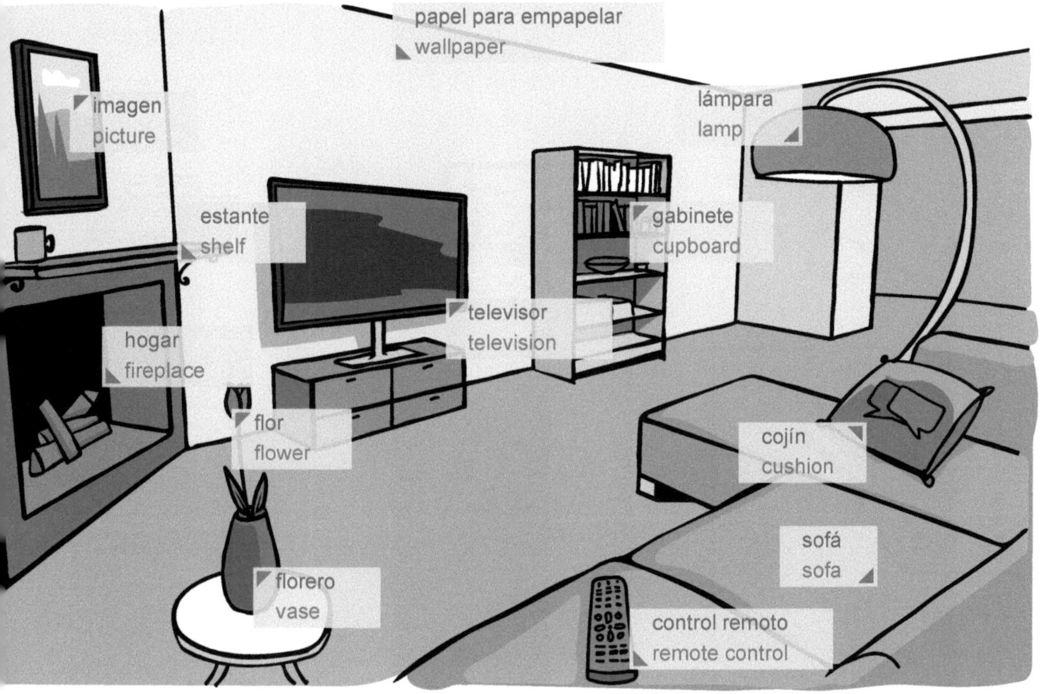

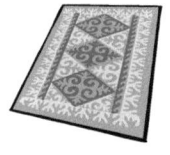

alfombra

carpet

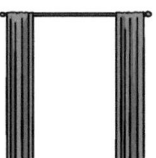

cortina

curtain

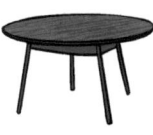

mesa

table

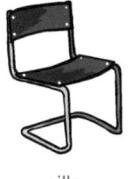

silla

chair

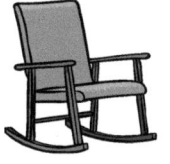

mecedora

rocking chair

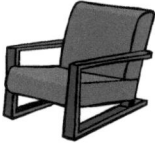

sillón

armchair

libro

book

frazada

blanket

decoración

decoration

leña

firewood

film

film

equipo estereofónico

hi-fi equipment

llave

key

periódico

newspaper

cuadro

painting

póster

poster

radio

radio

bloc de notas

notepad

aspiradora

hoover

cactus

cactus

vela

candle

cocina
kitchen

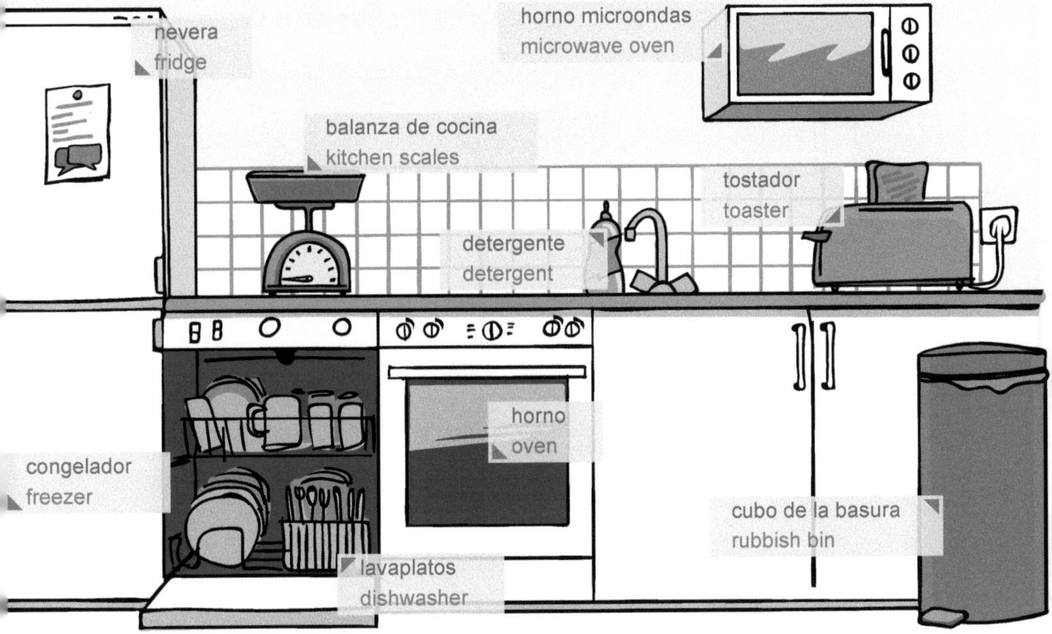
nevera
fridge
horno microondas
microwave oven
balanza de cocina
kitchen scales
tostador
toaster
detergente
detergent
horno
oven
congelador
freezer
cubo de la basura
rubbish bin
lavaplatos
dishwasher

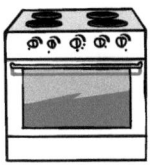

cocina
....
cooker

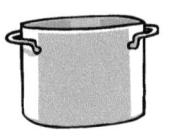

olla
....
pot

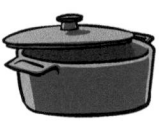

olla de fundición de hierro
....
cast-iron pot

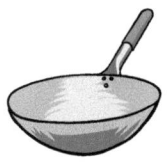

wok / kadai
....
wok / kadai

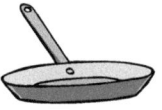

sartén
....
pan

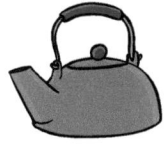

hervidor de agua
....
kettle

olla de vapor

steamer

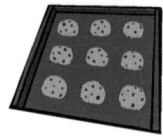

bandeja de horno

baking tray

vajilla

crockery

vaso

mug

bol

bowl

palillos para comer

chopsticks

cucharón de sopa

ladle

espátula

spatula

batidor

whisk

colador

strainer

cedazo

sieve

rallador

grater

mortero

mortar

parrillada

barbecue

fogata

open fire

tabla de picar

chopping board

rodillo

rolling pin

sacacorchos

corkscrew

lata

can

abrelatas

can opener

agarrador

pot holder

fregadero

sink

cepillo

brush

esponja

sponge

batidora

blender

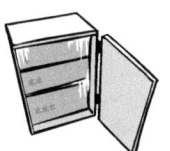

arcón congelador

deep freezer

biberón

baby bottle

grifo

tap

cuarto de baño

bathroom

calefacción
heating
ducha
shower
toalla
towel
cortina para ducha
shower curtain
baño de espuma
bubble bath
bañera
bathtub
vaso
glass
lavadora
washing machine
grifo
tap
baldosa
tiles
orinal
potty
fregadero
sink

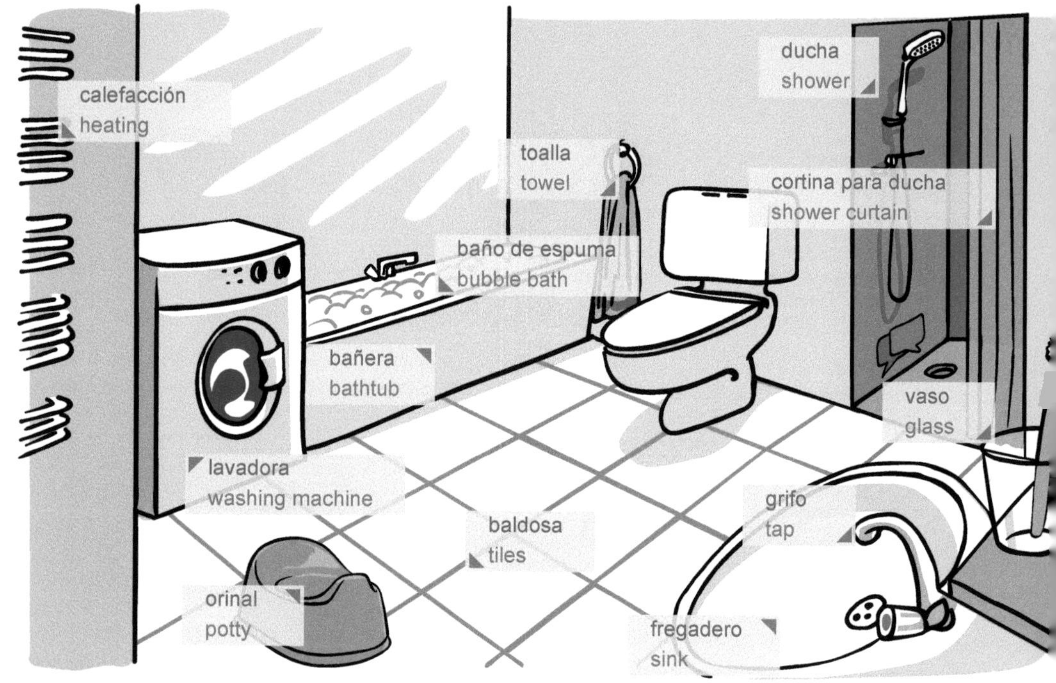

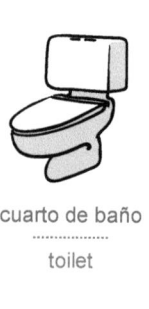

cuarto de baño

toilet

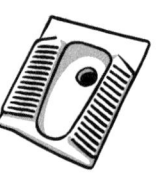

placa turca

squat toilet

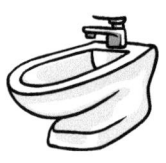

bidé

bidet

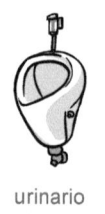

urinario

urinal

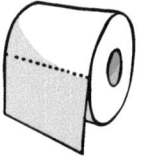

papel higiénico

toilet paper

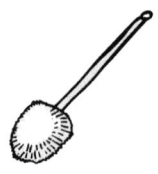

escobilla para el cuarto de baño

toilet brush

cepillo de dientes

toothbrush

pasta dentífrica

toothpaste

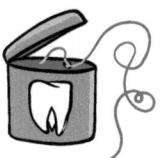

seda dental

dental floss

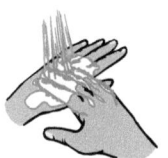

lavar

wash

ducha teléfono

handheld shower

ducha higiénica

douche

cuenco

basin

cepillo para la espalda

back brush

jabón

soap

gel de ducha

shower gel

champú

shampoo

manopla para baño

flannel

desagüe

drain

crema

cream

desodorante

deodorant

espejo

mirror

espejo de maquillaje

hand mirror

máquina de afeitar

razor

espuma de afeitar

shaving foam

loción para después del afeitado

aftershave

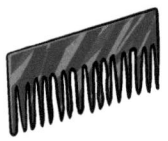

peine

comb

cepillo

brush

secador para cabello

hair dryer

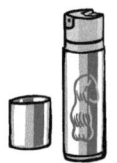

laca de peinado

hairspray

maquillaje

makeup

lápiz labial

lipstick

laca para uñas

nail varnish

algodón

cotton wool

tijera para uñas

nail scissors

perfume

perfume

neceser

washbag

taburete

stool

balanza

weighing scale

bata de baño

bathrobe

guantes de goma

rubber gloves

tampón

tampon

compresa

sanitary towel

wáter químico

chemical toilet

cuarto de los niños

child's room

despertador
alarm clock
animal de peluche
cuddly toy
auto de juguete
toy car
sonajero
rattle
casa de muñecas
doll's house
obsequio
present

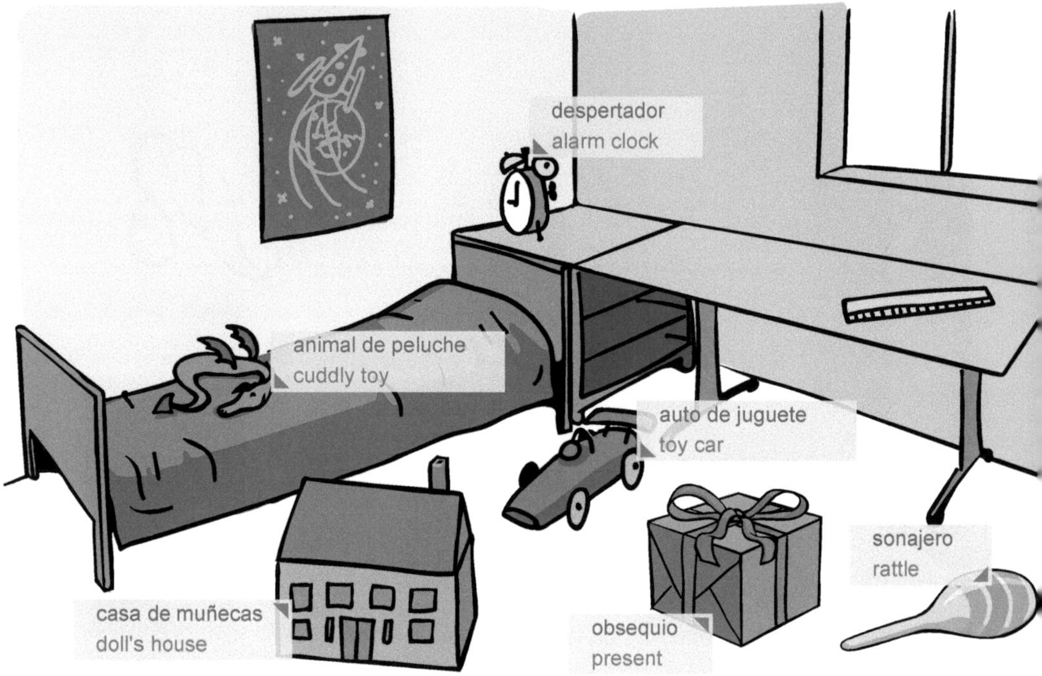

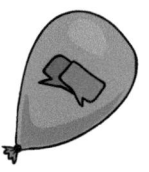

globo

balloon

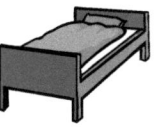

cama

bed

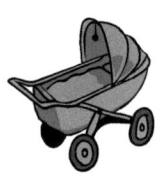

cochecito para niños

pram

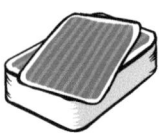

juego de barajas

deck of cards

rompecabezas

jigsaw

SUPER
MEGA

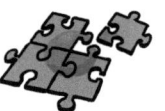

cómic

comic

piezas de Lego

lego bricks

bloques para jugar

building blocks

figura de acción

action figure

pijama de una pieza

babygrow

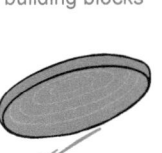

frisbee

frisbee

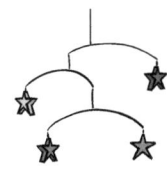

móvil

mobile

juego de mesa

board game

dado

dice

tren eléctrico a escala

model train set

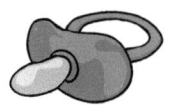

chupete

dummy

fiesta

party

libro de dibujos

picture book

pelota

ball

títere

doll

jugar

play

arenero

sandpit

columpio

swing

juguetes

toys

consola de videojuego

video game console

triciclo

tricycle

osito de peluche

teddy bear

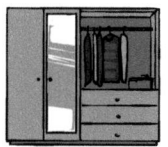

guardarropa

wardrobe

vestimenta

clothing

calcetines

socks

medias

stockings

panti

tights

chal
scarf

paraguas
umbrella

cinturón
belt

camiseta
t-shirt

deportivas
trainers

botas
boots

zapatilla
slippers

sandalias
sandals

zapatos
shoes

botas de goma
rubber boots

ropa interior
underpants

corpiño
bra

camiseta
vest

vestimenta - clothing

body
body

pantalón
trousers

jeans
jeans

falda
skirt

blusa
blouse

camisa
shirt

pullover
pullover

sweater
hoodie

blazer
blazer

chaqueta
jacket

abrigo
coat

impermeable
raincoat

traje chaqueta
costume

vestido
dress

vestido de bodas
wedding dress

traje

suit

camisón

nightgown

pijama

pyjamas

sari

sari

pañuelo de cabeza

headscarf

turbante

turban

burka

burqa

caftán

kaftan

abaya

abaya

traje de baño

swimsuit

bañador

trunks

shorts

shorts

chándal

tracksuit

delantal

apron

guante

gloves

botón

button

gafa

glasses

brazalete

bracelet

cadena

necklace

anillo

ring

aro

earring

gorra

cap

percha

coat hanger

sombrero

hat

corbata

tie

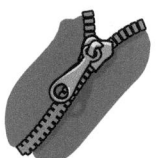

cierre a cremallera

zip

casco

helmet

tiradores

braces

uniforme escolar

school uniform

uniforme

uniform

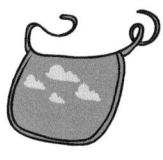

babero

bib

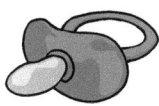

chupete

dummy

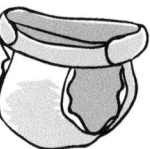

pañal

nappy

oficina

office

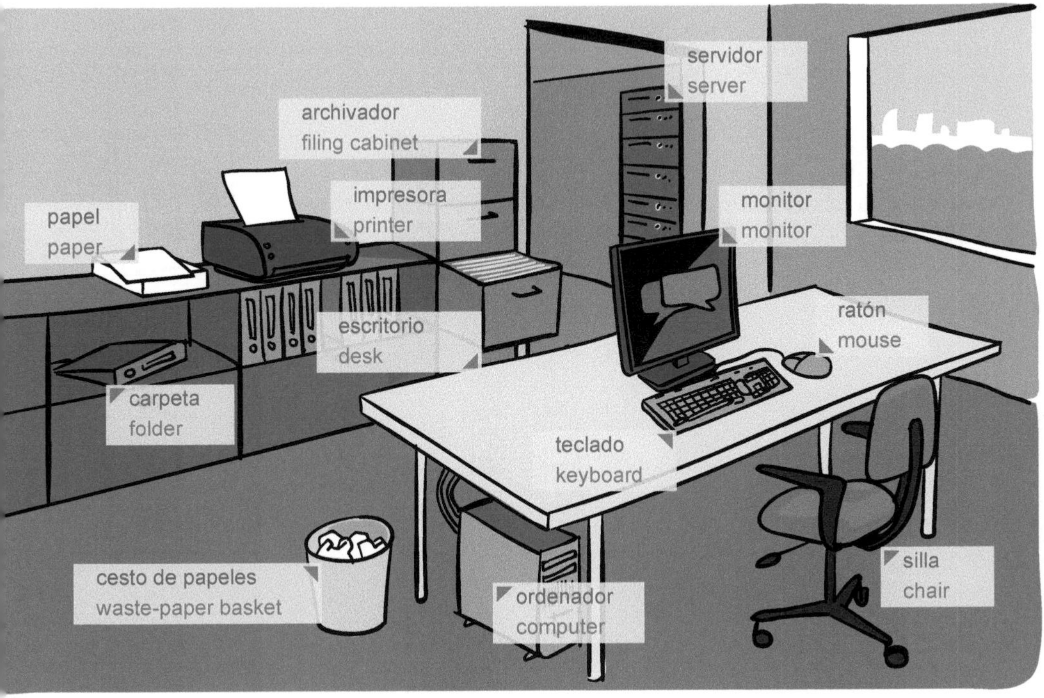
servidor
server
archivador
filing cabinet
papel
paper
impresora
printer
monitor
monitor
ratón
mouse
escritorio
desk
carpeta
folder
teclado
keyboard
silla
chair
cesto de papeles
waste-paper basket
ordenador
computer

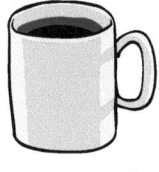

taza de café

coffee mug

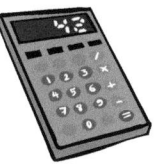

calculadora

calculator

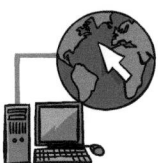

internet

internet

laptop
laptop

carta
letter

mensaje
message

teléfono móvil
mobile

red
network

fotocopiadora
photocopier

software
software

teléfono
telephone

tomacorriente
plug socket

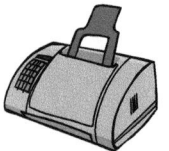

máquina de fax
fax machine

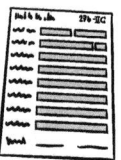

formulario
form

documento
document

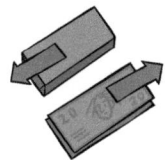

comprar

buy

pagar

pay

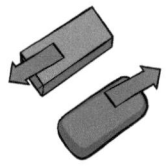

comerciar

trade

dinero

money

dólar

dollar

euro

euro

yen

yen

rublo

rouble

franco

Swiss franc

renminbi

renminbi yuan

rupia

rupee

cajero automático

cashpoint

casa de cambio

bureau de change

oro

gold

plata

silver

petróleo

oil

energía

energy

precio

price

contrato

contract

impuesto

tax

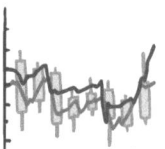

acción

stock

trabajar

work

empleado

employee

empleador

employer

fábrica

factory

negocio

shop

policía
police officer

bombero
fireman

cocinero
cook

médico
doctor

piloto
pilot

jardinero
gardener

carpintero
carpenter

costurera
seamstress

juez
judge

químico
chemist

actor
actor

conductor de autobús

bus driver

taxista

taxi driver

pescador

fisherman

mujer de la limpieza

cleaning lady

techista

roofer

camarero

waiter

cazador

hunter

pintor

painter

panadero

baker

electricista

electrician

albañil

builder

ingeniero

engineer

carnicero

butcher

fontanero

plumber

cartero

postman

soldado
soldier

arquitecto
architect

cajero
cashier

florista
florist

peluquero
hairdresser

cobrador
conductor

mecánico
mechanic

capitán
captain

odontólogo
dentist

científico
scientist

rabino
rabbi

imam
imam

monje
monk

párroco
clergyman

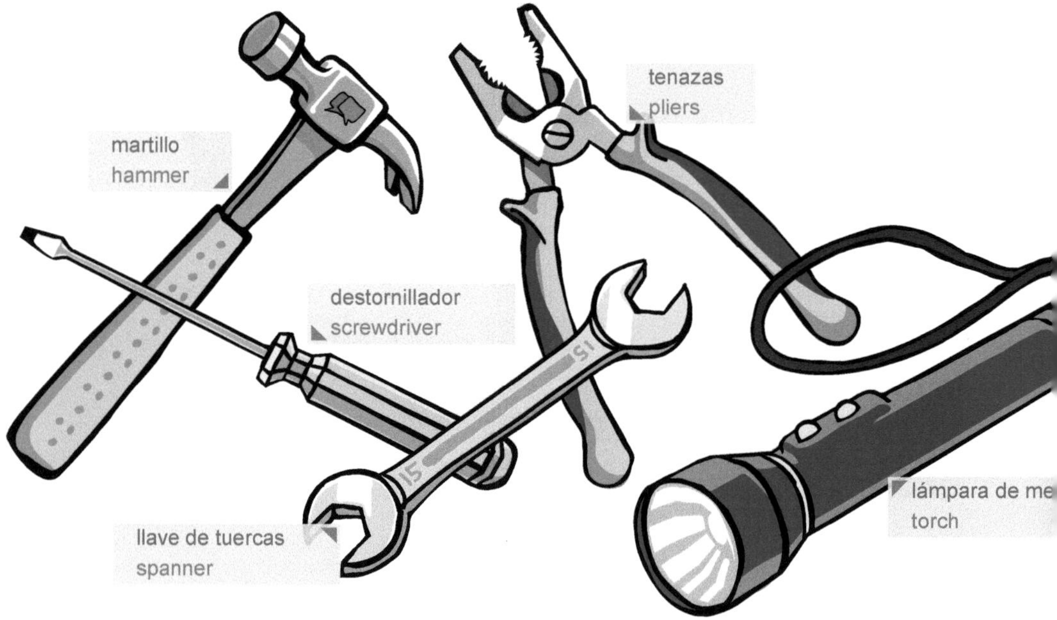

martillo
hammer

tenazas
pliers

destornillador
screwdriver

llave de tuercas
spanner

lámpara de me
torch

excavadora
digger

caja de herramientas
toolbox

escalerilla
ladder

serrucho
saw

clavos
nails

taladro
drill

reparar
....
repair

pala
....
shovel

¡Maldición!
....
Damn!

recogedor
....
dustpan

lata de pintura
....
paint pot

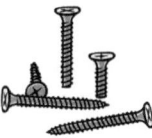

tornillos
....
screws

instrumentos musicales
musical instruments

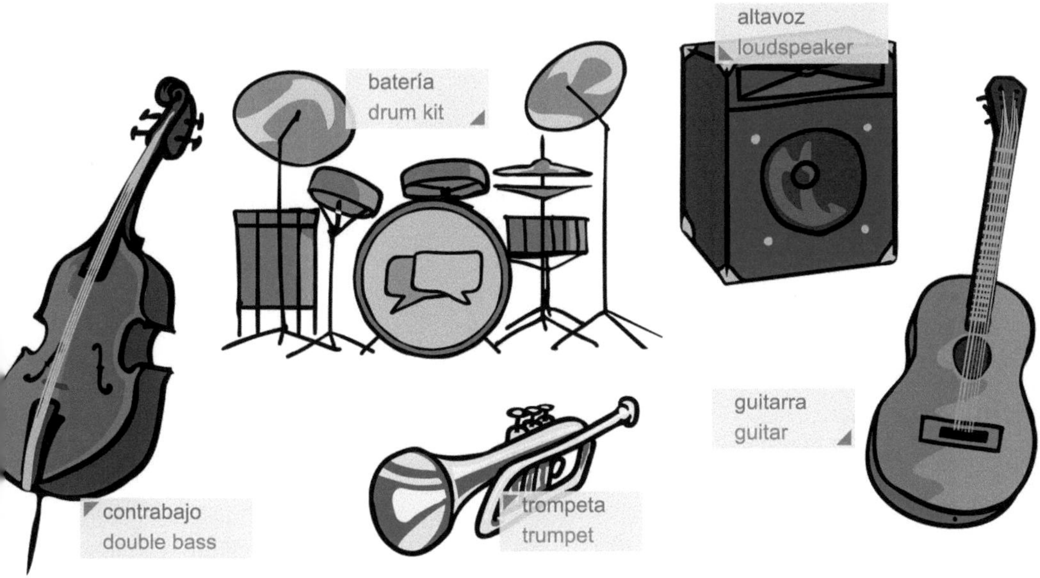

altavoz
loudspeaker

batería
drum kit

contrabajo
double bass

trompeta
trumpet

guitarra
guitar

piano

piano

violín

violin

bajo

bass

timbales

timpani

tambor

drums

teclado

keyboard

saxofón

saxophone

flauta

flute

micrófono

microphone

zoológico

zoo

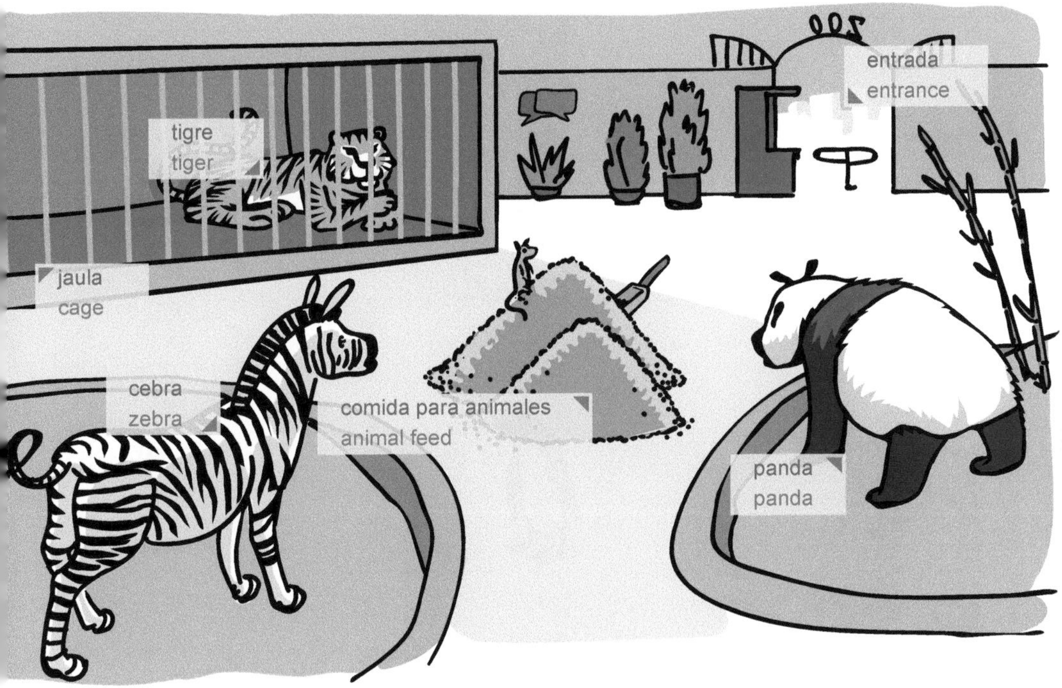
entrada
entrance
tigre
tiger
jaula
cage
cebra
zebra
comida para animales
animal feed
panda
panda

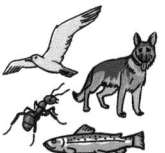

animales

animals

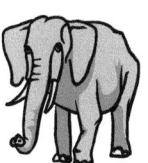

elefante

elephant

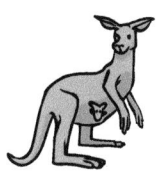

canguro

kangaroo

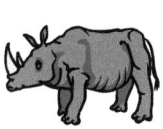

rinoceronte

rhino

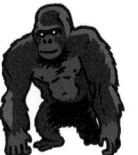

gorila

gorilla

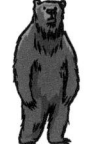

oso

bear

camello

camel

avestruz

ostrich

león

lion

mono

monkey

flamengo

flamingo

papagayo

parrot

oso polar

polar bear

pingüino

penguin

tiburón

shark

pavo real

peacock

serpiente

snake

cocodrilo

crocodile

cuidador del zoológico

zookeeper

foca

seal

jaguar

jaguar

pony

pony

leopardo

leopard

hipopótamo

hippo

jirafa

giraffe

águila

eagle

jabalí

boar

pescado

fish

tortuga

turtle

morsa

walrus

zorro

fox

gacela

gazelle

fútbol americano
American football

ciclismo
cycling

tenis
tennis

baloncesto
basketball

natación
swimming

boxeo
boxing

hockey sobre hielo
ice hockey

fútbol
football

badminton
badminton

atletismo
athletics

balonmano
handball

esquí
skiing

polo
polo

actividades
activities

reír
laugh
saltar
jump
abrazar
hug
caminar
walk
cantar
sing
soñar
dream
rezar
pray
besar
kiss

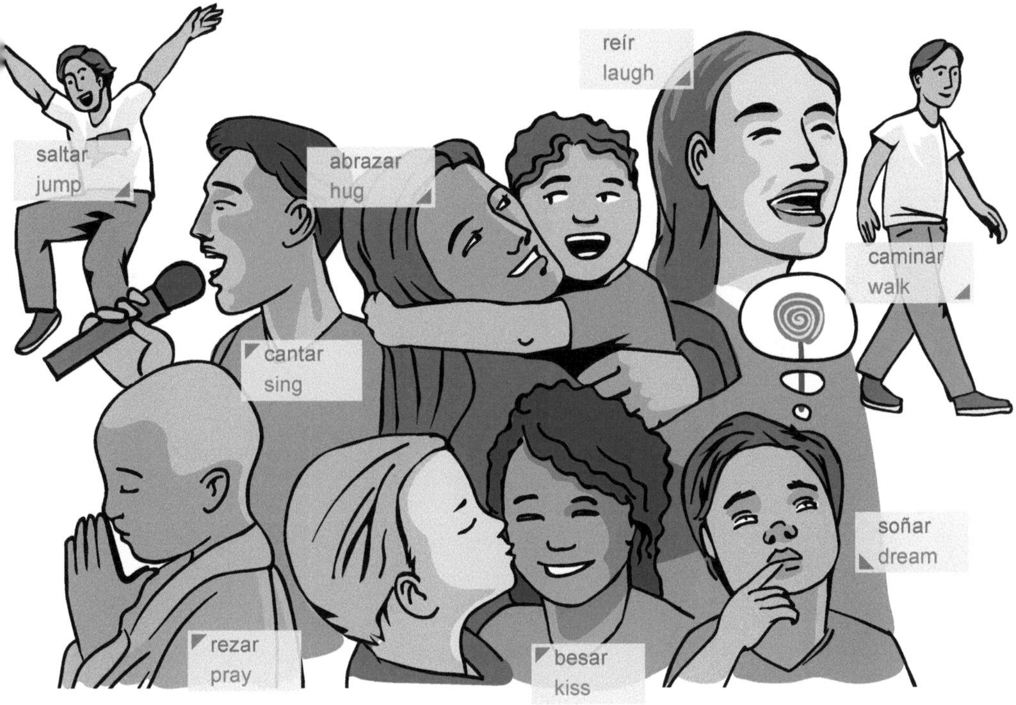

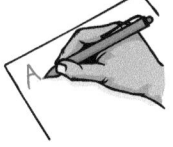

escribir

write

dibujar

draw

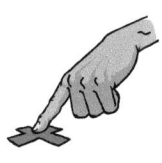

mostrar

show

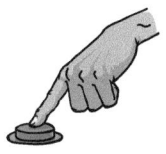

presionar

push

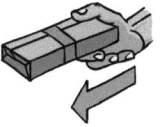

dar

give

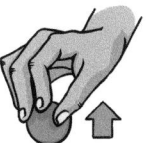

tomar

take

tener
have

hacer
do

ser
be

estar de pie
stand

correr
run

tirar
pull

arrojar
throw

caer
fall

estar acostado
lie

esperar
wait

llevar
carry

estar sentado
sit

vestirse
get dressed

dormir
sleep

despertar
wake up

mirar

look at

llorar

cry

acariciar

stroke

peinarse

comb

conversar

talk

entender

understand

preguntar

ask

oír

listen

beber

drink

comer

eat

asear

tidy up

amar

love

cocinar

cook

conducir

drive

volar

fly

actividades - activities

navegar

sail

calcular

calculate

leer

read

aprender

learn

trabajar

work

casarse

marry

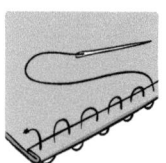

coser

sew

limpiarse los dientes

brush teeth

matar

kill

fumar

smoke

enviar

send

abuela
grandmother

abuelo
grandfather

padre
father

madre
mother

bebé
baby

hija
daughter

hijo
son

invitado

guest

tía

aunt

tío

uncle

hermano

brother

hermana

sister

cuerpo
body

frente
forehead
ojo
eye
hombro
shoulder
dedo
finger
cara
face
barbilla
chin
mano
hand
pecho
breast
pierna
leg
brazo
arm

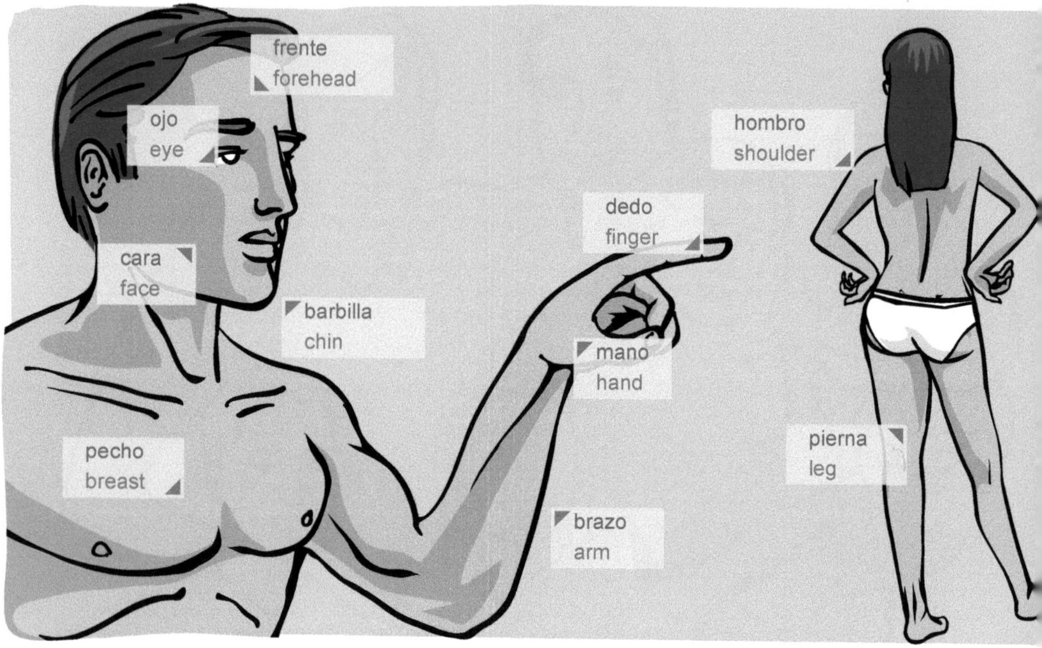

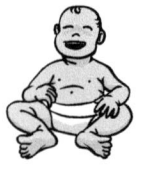

bebé
baby

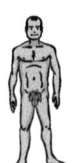

hombre
man

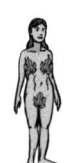

mujer
woman

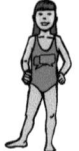

muchacha
girl

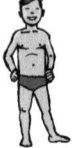

joven
boy

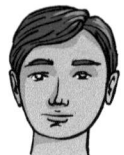

cabeza
head

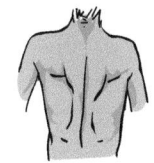

espalda
....
back

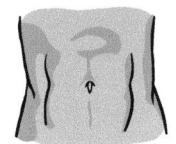

vientre
....
belly

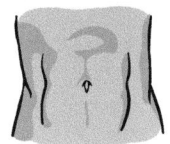

ombligo
....
belly button

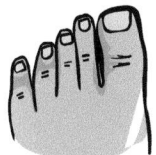

dedo del pie
....
toe

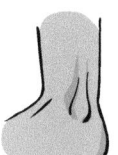

talón
....
heel

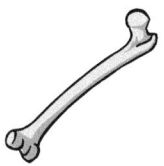

hueso
....
bone

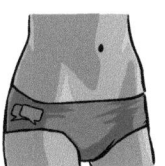

cadera
....
hip

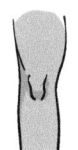

rodilla
....
knee

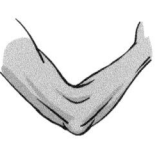

codo
....
elbow

nariz
....
nose

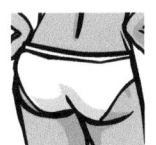

trasero
....
bottom

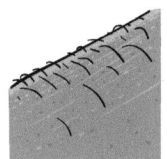

piel
....
skin

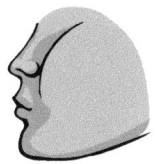

mejilla
....
cheek

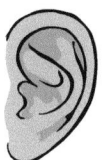

oreja
....
ear

labio
....
lip

boca
mouth

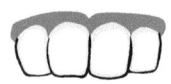

diente
tooth

lengua
tongue

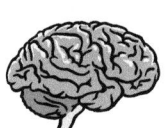

cerebro
brain

corazón
heart

músculo
muscle

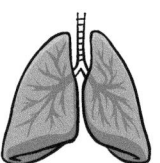

pulmón
lung

hígado
liver

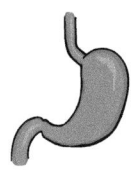

estómago
stomach

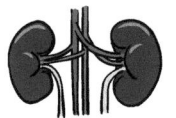

riñones
kidneys

relación sexual
sex

condón
condom

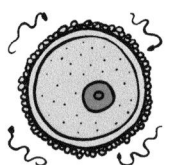

Óvulo
ovum

esperma
semen

embarazo
pregnancy

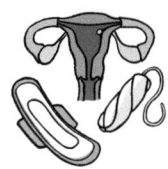

menstruación
menstruation

vagina
vagina

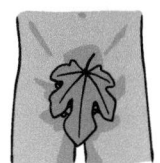

pene
penis

ceja
eyebrow

cabello
hair

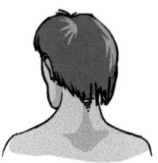

cuello
neck

hospital
hospital

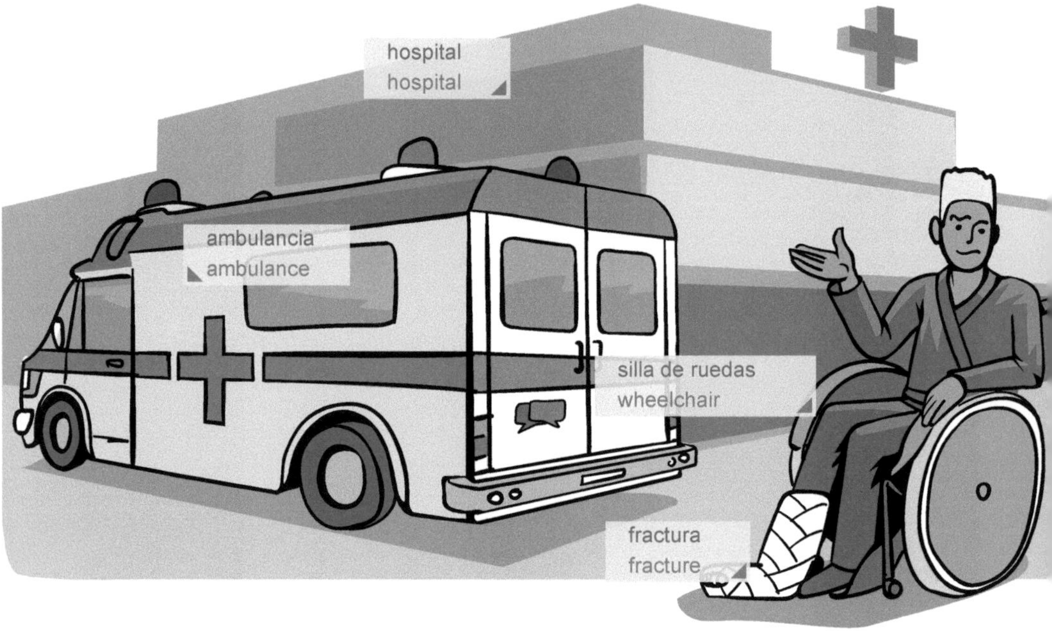

hospital
hospital
ambulancia
ambulance
silla de ruedas
wheelchair
fractura
fracture

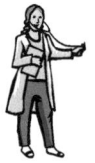

médico

doctor

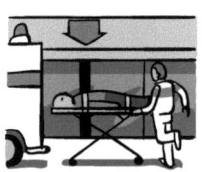

admisión de urgencia

emergency room

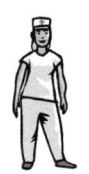

enfermera

nurse

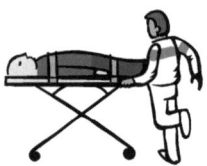

emergencia

emergency

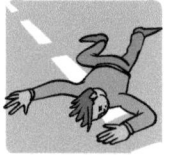

inconsciente

unconscious

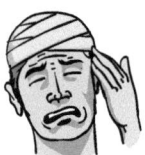

dolor

pain

lesión
injury

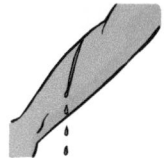

hemorragia
bleeding

infarto de miocardio
heart attack

apoplejía cerebral
stroke

alergia
allergy

tos
cough

fiebre
fever

gripe
flu

diarrea
diarrhoea

dolor de cabeza
headache

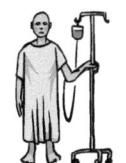

cáncer
cancer

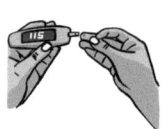

diabetes
diabetes

cirujano
surgeon

escalpelo
scalpel

operación
operation

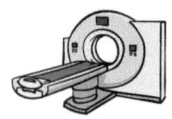

TC
CT

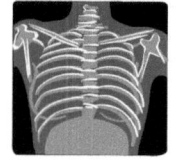

rayos X
x-ray

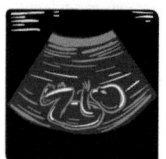

ultrasonido
ultrasound

máscara
face mask

enfermedad
disease

sala de espera
waiting room

muleta
crutch

emplasto
plaster

vendaje
bandage

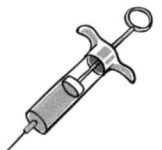

inyección
injection

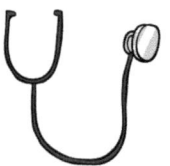

estetoscopio
stethoscope

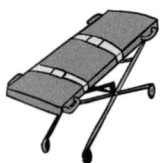

camilla
stretcher

termómetro
clinical thermometer

nacimiento
birth

sobrepeso
overweight

audífono

hearing aid

desinfectante

disinfectant

infección

infection

virus

virus

VIH / SIDA

HIV / AIDS

medicina

medicine

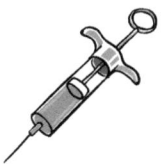

vacunación

vaccination

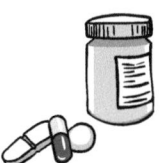

comprimido

tablets

píldora anticonceptiva

pill

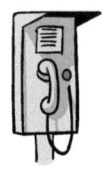

llamada de emergencia

emergency call

medidor de presión arterial

blood pressure monitor

enfermo / saludable

ill / healthy

¡Ayuda!

Help!

alarma

alarm

asalto

assault

ataque

attack

peligro

danger

salida de emergencia

emergency exit

¡Fuego!

Fire!

extintor

fire extinguisher

accidente

accident

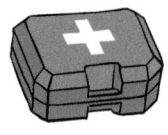

kit de primeros auxilios

first-aid kit

SOS

SOS

Policía

police

Europa

Europe

América del Norte

North America

América del Sur

South America

África

Africa

Asia

Asia

Australia

Australia

Atlántico

Atlantic

Pacífico

Pacific

Océano Índico

Indian Ocean

Océano Antártico

Antarctic Ocean

Océano Ártico

Arctic Ocean

Polo Norte

North Pole

Polo Sur

South Pole

Antártida

Antarctica

Tierra

Earth

país

land

mar

sea

isla

island

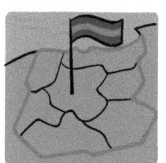

nación

nation

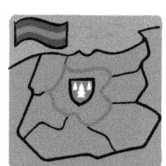

Estado

state

cuadrante

clock face

horario

hour hand

minutero

minute hand

segundero

second hand

¿Qué hora es?

What time is it?

día

day

tiempo

time

ahora

now

reloj digital

digital watch

minuto

minute

hora

hour

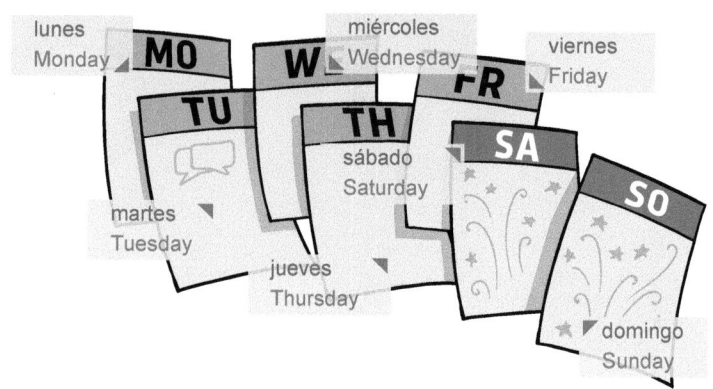

lunes
Monday

miércoles
Wednesday

viernes
Friday

martes
Tuesday

sábado
Saturday

jueves
Thursday

domingo
Sunday

ayer

yesterday

hoy

today

mañana

tomorrow

mañana

morning

mediodía

noon

tarde

evening

MO	TU	WE	TH	FR	SA	SU
1	2	3	4	5	6	7
8	9	10	11	12	13	14
15	16	17	18	19	20	21
22	23	24	25	26	27	28
29	30	31	1	2	3	4

jornada de trabajo

business days

MO	TU	WE	TH	FR	SA	SU
1	2	3	4	5	6	7
8	9	10	11	12	13	14
15	16	17	18	19	20	21
22	23	24	25	26	27	28
29	30	31	1	2	3	4

fin de semana

weekend

lluvia
rain

arco iris
rainbow

viento
wind

nieve
snow

primavera
spring

verano
summer

otoño
autumn

invierno
winter

4.APRIL	11°	☀
5.APRIL	4°	⛆
6.APRIL	13°	⛈
7.APRIL	8°	☀
8.APRIL	10°	☀

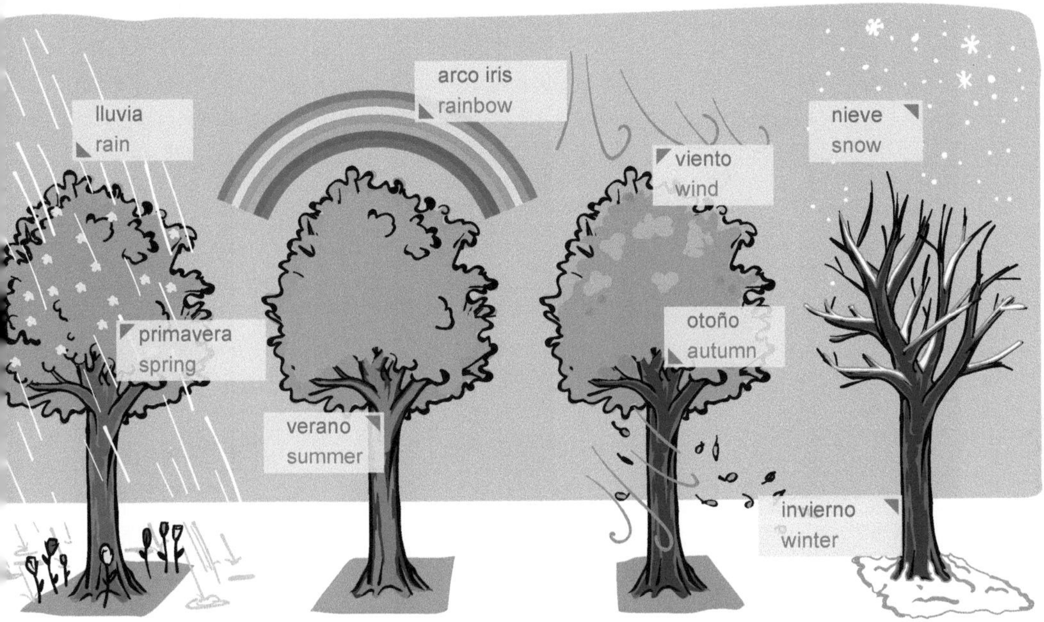

pronóstico meteorológico

weather forecast

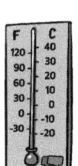

termómetro

thermometer

luz solar

sunshine

nube

cloud

niebla

fog

humedad ambiente

humidity

año - year

relámpago

lightning

trueno

thunder

tormenta

storm

granizo

hail

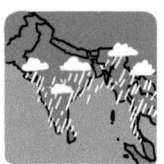

monzón

monsoon

inundación

flood

hielo

ice

enero

January

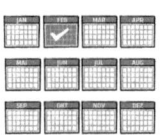

febrero

February

marzo

March

abril

April

mayo

May

junio

June

julio

July

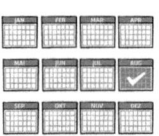

agosto

August

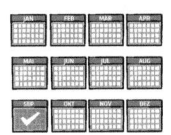

septiembre
September

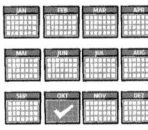

octubre
October

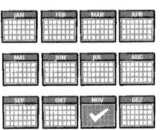

noviembre
November

diciembre
December

formas
shapes

círculo
circle

cuadrado
square

rectángulo
rectangle

triángulo
triangle

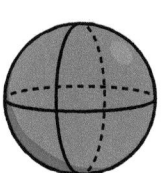

esfera
sphere

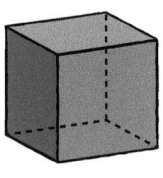

cubo
cube

colores
colours

blanco

white

amarillo

yellow

anaranjado

orange

rosa

pink

rojo

red

lila

purple

azul

blue

verde

green

marrón

brown

gris

grey

negro

black

mucho / poco

a lot / a little

enojado / calmado

angry / calm

bonito / feo

beautiful / ugly

comienzo / fin

beginning / end

grande / pequeño

big / small

claro / oscuro

bright / dark

hermano / hermana

brother / sister

limpio / sucio

clean / dirty

completo / incompleto

complete / incomplete

día / noche

day / night

muerto / vivo

dead / alive

ancho / angosto

wide / narrow

disfrutable / no disfrutable

edible / inedible

malo / amigable

evil / kind

excitado / aburrido

excited / bored

gordo / delgado

fat / thin

primero / último

first / last

amigo / enemigo

friend / enemy

lleno / vacío

full / empty

duro / suave

hard / soft

pesado / liviano

heavy / light

hambre / sed

hunger / thirst

enfermo / saludable

ill / healthy

ilegal / legal

illegal / legal

inteligente / tonto

intelligent / stupid

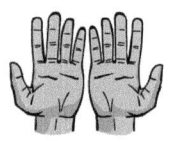

izquierda / derecha

left / right

cercano / lejano

near / far

nuevo / usado

new / used

nada / algo

nothing / something

viejo / joven

old / young

encendido / apagado

on / off

abierto / cerrado

open / closed

bajo / fuerte

quiet / loud

rico / pobre

rich / poor

correcto / incorrecto

right / wrong

áspero / liso

rough / smooth

triste / alegre

sad / happy

breve / extenso

short / long

lento / veloz

slow / fast

mojado / seco

wet / dry

caliente / frío

warm / cool

guerra / paz

war / peace

0

cero

zero

1

uno

one

2

dos

two

3

tres

three

4

cuatro

four

5

cinco

five

6

seis

six

7

siete

seven

8

ocho

eight

9

nueve

nine

10

diez

ten

11

once

eleven

12

doce

twelve

13

trece

thirteen

14

catorce

fourteen

15

quince

fifteen

16

dieciséis

sixteen

17

diecisiete

seventeen

18

dieciocho

eighteen

19

diecinueve

nineteen

20

veinte

twenty

100

cien

hundred

1.000

mil

thousand

1.000.000

millón

million

números - numbers

inglés

English

inglés estadounidense

American English

chino mandarín

Chinese Mandarin

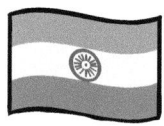

hindi

Hindi

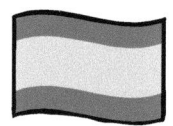

español

Spanish

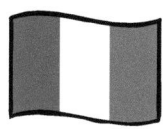

francés

French

árabe

Arabic

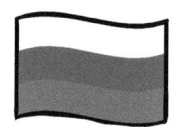

ruso

Russian

portugués

Portuguese

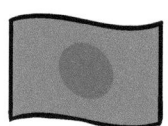

bengalí

Bengali

alemán

German

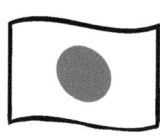

japonés

Japanese

yo

I

tú

you

él / ella

he / she / it

nosotros

we

vosotros

you

ellos

they

¿quién?

who?

¿qué?

what?

¿cómo?

how?

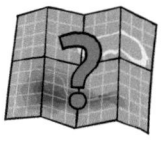

¿dónde?

where?

¿cuándo?

when?

nombre

name

where

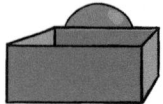

detrás

behind

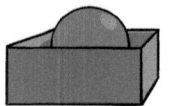

en

in

delante de

in front of

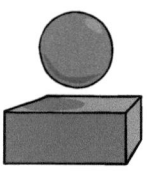

encima de

over

sobre

on

debajo de

under

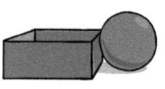

junto a

beside

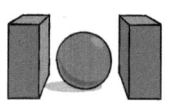

entre

between

lugar

place